AF313311

LES
SATURNALES MODERNES

OU

LA SOIRÉE DE CARNAVAL,

COMÉDIE

EN DEUX ACTES ET EN PROSE.

Repréſentée pour la première fois, à Paris, ſur le Théâtre au Palais-Royal, le 16 Mai 1787.

Prix, 1 liv. 4 ſols.

A PARIS,

Chez **CAILLEAU**, Imprimeur-Libraire, rue Galande, N°. 64.

1787

A M. DE....

Ce t Arlequin n'eſt qu'un cadet
Dont l'aîné fut Roi dans la Lune ;
Si tu l'adoptes, s'il te plaît,
Alors il aura fait fortune !
Mais quand j'offre un ſi faible don,
Je crains fort que l'on ne s'écrie :
C'eſt préſenter à la raiſon
Les attributs de la folie.

PRÉFACE.

» *Saturnales*. Fêtes en l'honneur de
» Saturne, qui se célébroient à Rome avec
» grand appareil, au mois de Décembre. Il
» étoit défendu de traiter d'aucune affaire
» pendant ces fêtes, & d'exercer aucun Art,
» excepté celui de la cuisine. Toutes les dis-
» tinctions de rangs cessoient alors, jusques-
» la que les esclaves pouvoient impunément
» dire à leurs maîtres tout ce qu'ils vouloient
» & même railler leurs défauts en leur pré-
» sence. *Lucien. Horat. Dictionnaire de la*
» *Fable* ».

Voila la source où j'ai puisé l'idée de cette
petite comédie, dont le seul mérite est de
joindre un but critique & moral à quelques
intentions comiques, & qui doit une partie
de son succès au jeu des Acteurs qui la re-
présentent. Il est peut-être fâcheux que je me
sois emparé de ce sujet assez piquant & assez
neuf, qui, traité par quelqu'un plus habile

& moins pareſſeux que moi, mieux appro-
fondi, plus étendu, auroit pu fournir un
ouvrage intéreſſant au lieu d'une eſquiſſe
légère. Cependant ſi elle continue d'amuſer,
je ceſſerai d'avoir tort.

Palaprat, en 1693, donna une Comédie
en cinq actes & en vers, intitulée la *Prude du
tems ou les Saturnales*. Il m'a paru, d'après
le peu que j'en ai lu, que ce ſecond titre étoit
aſſez inutile; quelqu'envie que j'euſſe de
voir ſi la mienne avoit quelque rapport avec
celle-là, je n'ai pu la lire en entier. Auſſi
l'Auteur dit dans ſa préface, beaucoup
plus plaiſante que ſa pièce, qu'elle chancella
dès le commencement du ſecond acte, qu'en-
ſuite elle alla toujours en *dégringolant*, c'eſt
ſon expreſſion, & ne fut point achevée. Il
raconte qu'il ſe trouva le même ſoir à ſouper
en compagnie nombreuſe & brillante, & que
les convives, ſur le ſilence qu'il gardoit, le
croyant vivement affecté de la chute qu'il
avoit eſſuyée, évitoient de prononcer le
moindre mot qui put la lui rappeller, &

même de se livrer à leur gaité ordinaire ; car du tems de Palaprat on riait & l'on mangeoit encore dans les soupers. L'Auteur tombé, qui n'étoit pas le moins contrarié par le ton sérieux qui regnoit dans la société, s'écria, quand il eut bien mangé : combien de gens ont sifflé ma pièce sans l'entendre, qui n'ont pas soupé d'aussi bon appétit que moi ! Cette exclamation ramena le plaisir & la gaité, & Palaprat fut le premier à s'y livrer. On peut travailler pour le Théâtre quand on prend son parti d'aussi bonne grace.

En parlant de Palaprat, que j'aime parce qu'il étoit gai, aimable dans le monde & bel esprit sans prétention, je me suis laissé entraîner plus loin que je ne voulois ; je reviens à moi.

Il m'a paru que le personnage d'Arlequin convenoit mieux à mon sujet que tout autre, parce que la franchise, la simplesse, la crédulité, jointes au bon sens, font la base de ce caractère si varié, si aimable & dont on a tiré tant de parti. Le rôle d'Arlequin dans cette Comédie eſt très - bien rendu par le Sr Bordier, qui d'ailleurs eſt bien ſecondé dans les ſcènes les plus piquantes par le jeu du Sr Beaulieu & de Melle. Fiat.

Je ne dois pas omettre de dire non plus que le ballet qui termine cette pièce, eſt des plus agréables, & le plus joli qu'on ait vu encore à ce ſpectacle.

PERSONNAGES.

ORGON.

EMILIE.

VALERE, ſous le nom de Dubois.

DORIMENE, ſœur d'Orgon.

LE PRÉSIDENT, oncle de Valere.

ARLEQUIN.

NÉRINE.

PLUSIEURS MASQUES.

La Scene eſt à Paris chez Orgon.

LES

LES
SATURNALES MODERNES

OU

LA SOIRÉE DE CARNAVAL,

COMÉDIE.

ACTE PREMIER.

SCENE PREMIERE.

EMILIE, NÉRINE.

NÉRINE.

De grace, Mademoiselle, faites trêve à vos inquiétudes. Il ne faut pas moins que le Carnaval pour
égayer un peu cette maison, ordinairement si triste;
n'en chassons pas le plaisir quand il se présente.

A

ÉMILIE.

Je ne t'empêche pas de t'y livrer, Nérine.

NÉRINE.

Ce n'eſt pas aſſez. Je voudrois vous le voir par-
tager. Monſieur votre Père, Philoſophe d'une
eſpèce toute particulière, qui fait profeſſion de
mépriſer le rems préſent & de n'eſtimer que l'an-
tiquité, s'eſt mis dans la tête de renouveller chez
lui je ne ſais quel uſage ancien; il veut que les
domeſtiques de la maiſon en deviennent aujour-
d'hui les maîtres : il fait venir des violons. & donne
bal une fois en ſa vie. Pour moi je me propoſe de
me bien divertir.

ÉMILIE.

Et tu ne ſonges pas que Valere reſtant déguiſé
auprès de moi, peut être découvert. Je tremble
de me voir compromiſe, & je ne lui pardonnerai
jamais ſon imprudence.

NÉRINE.

Que vouliez-vous qu'il fît, Mademoiſelle ? Met-
rez-vous à la place de ce pauvre jeune homme. Il
vous voit à la promenade & devient amoureux de
vous. Cette maiſon eſt inacceſſible, il eſt jeune &
militaire, l'amour le fait tout oſer. On a beſoin
d'un valet de chambre, il ſe préſente. Monſieur Orgon lui trouve heureuſement une figure à
la Romaine, il le prend à ſon ſervice. Je deviens la
confidente de ſon amour, je vous en fais part ;
vous trouvez ſa démarche hazardée, mais ſa paſſion
vous touche. Monſieur Valere, ſous le nom de
Dubois, eſt enchanté de ſa nouvelle condition.
Il ne fait qu'attendre un moment favorable pour

fe faire connoître & vous obtenir de votre père.
Dites-moi, Mademoifelle, ce que vous trouvez
de fi chagrinant dans tout cela?

ÉMILIE.

Quelques chofes que tu puiffes me dire, Nérine,
je ne fouffrirai pas qu'il refte ici plus longtems.

NÉRINE.

Eh bien, Mademoifelle, je fais un moyen de
vous fatisfaire. Déclarons le tout à Monfieur Orgon;
le Dubois fuppofé fera renvoyé, je vous en réponds. Et vous épouferez celui qu'on vous deftine ;
un fameux amateur d'antiquités, qui vous aimera,
vous refpectera, comme les médailles précieufes
qu'il tient enfermées fous verre.

ÉMILIE.

Tu te plais toujours à me défoler.

NÉRINE.

Que ne me laiffez-vous faire auffi ? j'ai déjà ar-
rangé les chofes de manière que votre amant fe
préfentera aujourd'hui devant vous, fous un exté-
rieur plus digne de vous & de lui.

ÉMILIE.

Comment cela, Nérine? & mon père?

NÉRINE.

Il eft de moitié dans ce que je fais. Le bon-
homme a des lubies, il faut les faire tourner à
notre avantage.

ÉMILIE.

Explique-toi donc.

NÉRINE.

Je l'entends qui vient, Mademoiselle ; rentrez dans votre appartement, & laiffez-moi lui rendre compte de différentes chofes dont il m'a chargée pour ce foir.

(Émilie fort).

SCÈNE II.

NÉRINE, ORGON.

ORGON.

TE voilà, Nérine ! je te cherchois. Eh bien ! cet ajuftement te fied à merveille ! Tu auras aujourd'hui tout l'air d'être la maîtreffe de la maifon.

NÉRINE.

Vraiment, Monfieur ?

ORGON.

J'avois réfolu d'abord de te faire habiller en Samnite, car je te trouve quelque chofe de Grec dans la phyfionomie.

NÉRINE.

J'ai une figure à la Grecque ?

ORGON.

Oui : il y a long-tems que cela m'a frappé... Ah ! ça, il eft convenu que tu feras les honneurs du bal.

NÉRINE.

Moi !

ORGON.

Aſſurément! nous touchons à la fin du Carnaval. Pendant les trois jours qu'il va durer encore, je veux que ma fille ſoit ſous ta dépendance : & moi-même je ſerai entiérement aux ordres d'Arle-quin.

NÉRINE.

Et peut-on ſavoir à quoi aboutira cette co-médie ?

ORGON.

Comment, Nérine, tu ne vois pas le but moral de cela ? Ne t'ai-je pas dit que cette pratique an-cienne, que je veux faire revivre dans ma maiſon, étoit en uſage chez les Romains. En mémoire de l'âge d'or, ils célébroient des fêtes qu'ils appel-loient SATURNALES. Point de diſtinction de rangs alors. La morgue du partiſan, l'orgueil du pa-tricien étoient obligés de baiſſer de quelques crans. Il y a plus. Les maîtres devenoient les domeſtiques de leurs propres eſclaves.

NÉRINE.

Ces fêtes-là devoient remettre bien des gens à leur place.

ORGON.

Mais il y a longtems que la ſaine philoſophie eſt bannie de la terre. Nous avons changé le but & l'intention des choſes les plus louables, (*à demi-voix*.) & je ne ſais pas ce que le monde deviendra.

NÉRINE, *de même*

Ni moi non plus.

ORGON.

Graces au Ciel ! j'ai échappé à la corruption générale.

NÉRINE.

Vous méritiez, Monfieur, de naître il y a une
vingtaine de ſiecles.

ORGON.

Hélas ! oui. Lacédémone, Athênes, Rome où
êtes vous ? Je ne puis penſer ſans attendriſſement
à la deſtruction de ces Villes célèbres ; on devroit
encore porter le deuil des ſept Sages de la Grece.
On devroit obſerver religieuſement tous ces uſages
antiques, oubliés ou tournés en ridicule de nos
jours. Par exemple, Nérine, quand un jeune
homme montroit quelque penchant pour le vin,
ſais tu comme on l'en corrigeoit? en forçant ſon
valet de paroître ivre à ſes yeux.

NÉRINE.

Eh bien, Monſieur, tout s'eſt perfectionné ; les
valets s'enivrent d'eux-mêmes à préſent.

ORGON.

Pour accoutumer les citoyens à ſe méfier des
fripons, on décernoit un prix à celui qui voloit
le plus adroitement.

NÉRINE.

Ah ! Monſieur, ſi l'on donnoit ce prix là aujourd'hui, combien il y auroit de concurrens !

ORGON.

Y a-t-il rien d'auſſi philoſophique, d'auſſi moral
que les danſes des Lacédémoniennes !

NÉRINE.

Et vous prétendez, Monſieur, remettre tout cela à la mode ?

ORGON.

C'eſt un grand ſervice que je rendrois au ſiècle préſent. Que ſignifient nos bals & nos maſcarades ? Autrefois les jours conſacrés au plaiſir offroient en même tems des leçons utiles. Je les ferai renaître ces beaux jours. Je profiterai moi-même de ces leçons : & elles ne feront pas moins ſalutaires à ma fille.

NÉRINE.

Eſt-ce auſſi par reſpect pour les anciens que vous voulez marier Mademoiſelle Emilie à un homme de ſoixante ans ?

ORGON.

Oui, c'eſt en vertu du droit qu'ont toujours eu les pères de diſpoſer de leurs enfans.

NÉRINE.

Quoi! Monſieur, chez les anciens, une fille jeune & jolie....

ORGON.

Chez les anciens, une ſuivante ne ſe mêloit point de ce qui ne la regardoit pas. — As-tu donné à Arlequin l'habit que je lui deſtinois ?

NÉRINE.

Oui, Monſieur, & il n'a pas tardé à s'en parer.

ORGON.

A propos, Nérine ? quel coſtume ferons-nous prendre à Dubois? je l'ai oublié tout net.

NÉRINE.

Oh! Monsieur, j'ai songé à lui. Et j'ai cru suivre vos intentions en lui donnant un uniforme de Dragons que Monsieur votre neveu a laissé ici.

ORGON.

A merveille. Il ne sera pas mal comme cela & je n'aurais pas mieux choisi. Sais-tu, Nérine, que je suis très-content de ce jeune homme, depuis huit jours qu'il est à mon service? Je lui trouve des qualités & peut-être en ferai-je un jour mon secrétaire. Quand je lui ai fait part hier de notre projet de travestissement pour ce soir, il y a fort applaudi. C'est un garçon de bon sens!

NÉRINE.

Je pense comme vous sur son compte, Monsieur. Il me semble même, à le bien examiner, qu'il n'est pas né pour la condition où il se trouve. Je ne serois point du tout surprise que ce fût quelque événement singulier qui le forçât de servir.

ORGON.

Cela arrive tous les jours.

NÉRINE.

Il a tout-à-fait bon air en uniforme. Le chapeau sur l'oreille, la tête haute. On croiroit qu'il n'a fait autre chose toute sa vie. C'est un mari de cette tournure qu'il faudroit à Mademoiselle votre fille.

ORGON.

Trêve à vos réflexions, Nérine; & surtout ne les communiquez pas à votre maîtresse. Mais voici Arlequin.

SCÈNE III.

NÉRINE, ORGON, ARLEQUIN,
vêtu richement.

ARLEQUIN.

Ce que m'a dit Nérine est-il bien vrai, Monsieur ? Je m'en vas devenir le maître à mon tour ?

ORGON.

Oui, mon ami, tu peux me regarder aujourd'hui comme ton serviteur.

ARLEQUIN.

C'est une bonne idée qui vous est venue là. Au fonds, c'est bien juste; il y a assez long-tems que je suis le valet.

NÉRINE.

Sans doute.

ARLEQUIN.

Vous verrez que la petite Nérine & moi, nous gouvernerons votre maison à merveille. Ça vous fera honneur.

NÉRINE, *à Orgon.*

Le pauvre garçon prend ce que vous lui dites pour argent comptant, & ne voudra plus quitter le rôle que vous lui donnez.

ORGON.

Laisse donc, ma chere. Sa naïveté m'amuse.

Ainfi , Arlequin , tu te crois toutes les qualités neceffaires au chef d'une maifon?

ARLEQUIN.

Oui , Monfieur. D'abord j'aime beaucoup à refter les bras croifés; je n'aime pas qu'on dife *non* , quand je dis *oui* ; & puis je ne haïrois pas à commander un repas dont je devrois manger ma part. Il y aura toujours chez moi grande chere & bon feu , & je ferai durer le mardi-gras jufqu'à la Saint-Jean.

ORGON.

C'eft au mieux , mon ami ; mais un père de famille doit s'occuper d'autres foins. S'il a des enfans , par exemple....

ARLEQUIN.

Des enfans ? fi l'on a un fils, on s'en débarraffe en lui donnant une femme. Alors toutes les fottifes qu'il fait ne vous regardent plus.

NÉRINE.

Et fi c'eft une fille ?

ARLEQUIN.

On la laiffe au couvent , fi on ne trouve pas quelqu'un qui la prenne fans dot. Après cela , on fuit la mode, & l'on ne vit plus que pour foi.

ORGON, *à Nérine.*

Eh bien , Nérine , que t'avois-je dit ? (*à Arlequin.*) J'efpére que tu n'iras plus t'enivrer au cabaret.

ARLEQUIN.

Fi donc , au cabaret ! Je m'enivrerai au coin de mon feu , comme les autres.

NÉRINE, *à Orgon.*

Vous voyez, Monsieur, qu'il use sans cérémonie des droits que vous lui donnez.

ARLEQUIN.

Mais, Monsieur, si je suis le maître, qu'est ce que vous serez, vous ? A présent il faudra gagner le pain que vous mangerez.

ORGON.

C'est juste ! Vois quel emploi tu veux me donner dans ta maison ?

ARLEQUIN.

Voyons ce que vous sçavez faire. (*Il rêve.*) Valet-de-chambre ? Non. Vous ne poûvez pas vous habiller vous-même. Vous seriez gauche, mal-adroit. Je me passerai de Valet-de-chambre ; ma toilette ne sera pas difficile ! Maître d'Hôtel ? Non. Ce seroit vous donner trop tôt les moyens de redevenir le maître ; je me passerai de maître d'Hôtel. Cuisinier ? Ah ! je ne peux pas me passer de celui-là. Peste ! c'est le personnage le plus intéressant d'une maison. Quand on voudra se faire présenter chez moi, on ne demandera pas Monsieur Arlequin est-il un honnête homme ? Mais on demandera a-t-il un bon cuisinier ? Je veux avoir des amis, beaucoup d'amis ; ainsi, il me faut un Cuisinier. Allons, je vous fais mon Cuisinier.

ORGON, *riant.*

Fort bien ? je tâcherai que tu sois content de moi.

ARLEQUIN.

Ne vous avisez pas de ferrer la mule au moins.

Je ne fuis pas de ces maîtres, qui fouffrent qu'on leur compte pour dix fols de perfil , quand il n'y en a que pour deux liards ; & à qui on fait manger des mauviettes pour des dindonneaux.

ORGON.

Je le crois.

ARLEQUIN.

Ne mangez point de croutes au pot ; ne buvez pas le vin que je vous ferai donner pour les courts-bouillons , & prenez garde de laiffer brûler le beurre , en jafant avec les femmes-de-chambre.

ORGON.

Je ferai mon profit des inftructions que tu me donnes....

ARLEQUIN.

Bon ! Allez prendre l'habit de caractère à préfent, le tablier & le bonnet. Enfuite vous me ferez un plat de baignets pour échantillon de vos talents.

(*Orgon fort en riant.*)

<h1 align="center">SCENE IV.</h1>

NÉRINE, ARLEQUIN.

ARLEQUIN.

EH bien ? Nérine. N'ai-je pas l'air & les manières d'un petit Seigneur. A préfent que je vas être riche, j'aurai de l'efprit comme un Diable.

Pour la nobleſſe, je crois qu'on ne me la diſputera
pas plus qu'à tant d'autres. Je n'ai été qu'un moment à la porte de la rue, on m'a déjà appellé
Monſieur le Comte... Mais ce qui me réjouit davantage, c'eſt que ma bonne mine, mon eſprit
& ma nobleſſe, je pourrai mettre tout cela aux
pieds de ma chere Nérine.

NÉRINE.

Quoi! Tu ſongeras encore à Nérine ?

ARLEQUIN.

Toujours. Chez moi les honneurs ne changent
pas les mœurs. Je veux bien faire meilleure chere,
je veux bien boire de meilleur vin, mais je ne
veux pas en aimer d'autre que toi.

NÉRINE.

Auſſi, mon ami, n'as-tu pas affaire à une
ingrate.

ARLEQUIN.

Je deviendrois Roi de Bergame, ou Empereur
dans la lune, que je ne penſerois pas différem-
ment.... Mais dis-moi, Nérine, ſaurons nous bien
faire les gens de conſéquence ?

NÉRINE.

Oh! Rien de plus aiſé. Cela vient tout ſeul.

ARLEQUIN.

J'ai envie d'eſſayer un peu, pendant que nous
ſommes ſeuls. Ecoute. Tu es une jeune Marquiſe,
& moi un petit Seigneur qui vient te rendre viſite.
(*Il s'éloigne & s'annonce.*) Monſieur le Comte
d'Arlequin. (*Il avance vers Nérine en faiſant de*

lazzis & l'embrasse.) Madame la Marquise , je vous souhaite bien le bon jour.

NÉRINE.

. Mais on n'embrasse pas comme cela une Marquise en entrant chez elle. — Bonjour, Comte. Un fauteuil à Monsieur le Comte. — Eh bien, assis-toi donc.

ARLEQUIN.

J'attendois qu'on m'approchât le fauteuil.

NÉRINE.

Allons, parle.

ARLEQUIN.

Commence, toi.

NÉRINE.

En vérité, Comte , vous êtes d'un rare incroyable ; il y a bien-tôt trois jours qu'on ne vous a vu. Qu'êtes vous donc devenu hier ?

. ARLEQUIN.

Hier ? J'ai été au Quai de la volaille , acheter des poulets... Je veux dire au Quai des Orfèvres , acheter des diamans.

NÉRINE.

A la bonne heure ... Vous n'aurez sûrement pas manqué de vous trouver le soir au jeu de la Reine ?

ARLEQUIN.

Certainement, & j'ai joué d'un guignon épouvantable. J'ai perdu trente-six sols au petit palet. — C'est cela, n'est ce pas ?

NÉRINE.

A peu près. — Que faites-vous de la petite Vicomtesse ?

ARLEQUIN, *froidement.*

Je ne vois plus ça.

NÉRINE.

Bien !

ARLEQUIN.

Elle devoit me festonner une culotte de velours... Non, me broder une paire de manchettes.

NÉRINE.

Vous m'avez l'air d'un petit papillon, qui voltige de belle en belle.... Étiez-vous dimanche au bal de l'opéra ?

ARLEQUIN.

Oui... Non. Je devois y conduire une Princesse de mes amies ; mais je fus racroché par deux ou trois seigneurs de la cour, qui me menerent aux Armes de France, manger du petit sallé.

NÉRINE.

Sans songer à la Princesse.

ARLEQUIN.

Je suis persuadé qu'elle aura beaucoup juré contre moi, mais je me soucie fort peu d'elle. Je n'aime que toi, ma chère... je n'adore que vous, belle Marquise, & pour vous prouver le respect de l'amour avec lequel... je vous aime, puisque nous sommes en tête à tête... (*Il lui fait des caresses.*) Repousse-moi donc un peu. Est-ce qu'une

Marquife ne fe défend pas?... Mais diable! j'entends du bruit! c'eft peut-être votre mari, Marquife. Il eft brutal & jaloux, je fuis vif & amoureux; il me jeteroit peut-être par la fenêtre, je ne le trouverois peut-être pas bon, je m'en vas fortir par l'efcalier dérobé.

(Il fort).

SCENE V.

NÉRINE, VALERE, *en uniforme de Dragons.*

VALERE.

ENFIN, Nérine, je te trouve. Il y a un tems infini que je te cherche.

NÉRINE.

Monfieur, c'eft que l'impatience allonge terriblement les momens.

VALERE.

Eh! qui n'en auroit à ma place? Ne m'avais-tu pas fait efpérer que je pourrois m'entretenir plus librement aujourd'hui avec Emilie? la moitié du jour eft plus que paffée.

NÉRINE.

Je vous confeille de vous plaindre, en vérité! vous mettez en ufage pour vous introduire chez nous un moyen qui feroit à peine fouffert dans une comédie. Vous voila inftallé valet de chambre de celui dont vous voulez devenir le gendre. De

ına

ma propre autorité , je vous donne une compagnie de Dragons. Que puis-je faire de mieux ?

V A L E R E.

Ah ! je fais combien je te dois de reconnoiffance. Mais fonge qu'il y a déjà huit jours que je fuis ici. Dois-je croire qu'Emilie partage les fentimens qu'elle m'infpire ? A peine ai-je pu lui parler trois ou quatre fois. Cependant je puis être reconnu. Mon oncle, qui me croit à mon Régiment, peur apprendre que je ne m'y fuis pas rendu. Parle, Nérine. Connois-tu une fituation plus défolante que la mienne ?

N É R I N E.

Je ne vous cacherai pas que Monfieur Orgon paroît plus décidé que jamais à marier bientôt fa fille à un de fes anciens amis.

V A L E R E.

Voilà ce qui me défefpére. Si Emilie m'aimoit autant que je l'aime.....

N É R I N E.

Les hommes doutent toujours qu'on les aime, & ils agiffent comme s'ils en étoient sûrs.

V A L E R E.

Crois-tu, Nérine, que je ne lui fois pas indifférent ?

N É R I N E.

Elle vient fort à propos pour vous en inftruire elle-même.

B

SCENE VI.

NÉRINE, EMILIE, VALERE.

NÉRINE.

PERMETTEZ, Mademoiselle, que je vous présente un jeune militaire qui brule de vous offrir son hommage.

EMILIE.

Quoi! Valere!...

VALERE.

Enfin je vous vois, ma chère Emilie.

EMILIE.

Comment donc? quel nouveau costume....

NÉRINE.

L'Amour est le Dieu des miracles, Mademoi-felle; au surplus, Monsieur doit cette autre mé-tamorphose à la manie de Monsieur votre père, & au génie de votre très-humble servante.

VALERE.

Ce jour, Mademoiselle, doit décider du bon-heur ou du malheur de ma vie. Vous savez tout ce que j'ai à craindre, & combien les momens sont précieux.

NÉRINE.

Allons, Mademoiselle, répondez pour la di-xième fois à la même question. Il paroît que

Monſieur n'attend plus que cela pour être le plus heureux des hommes.

EMILIE.

Ne vous en ai-je pas dit aſſez, Valere, en convenant que je ne redoute rien tant au monde que le mariage auquel mon père me deſtine? N'en exigez pas davantage & ſongez que je deviendrois trop coupable en vous permettant de reſter plus longtems auprès de moi.

NÉRINE.

Voilà ce qui s'appelle parler raiſon. Il s'agit donc de prendre un parti & le plus court à mon avis. Mais j'entends quelqu'un.... chut.... chut.... Mademoiſelle, c'eſt votre tante!

SCENE VII.

NÉRINE, EMILIE, DORIMENE, VALERE

DORIMENE.

Cette maiſon eſt une ſolitude, on n'y rencontre pas un valet.... Ah! vous voilà, ma nièce!

VALERE, *à part.*

Ciel! c'eſt Dorimène! fuyons.

DORIMENE, *l'arrêtant.*

Ne vous en allez donc pas, Monſieur, je ne veux déranger perſonne... Mais... me trompai-je? quoi? Valere!

VALERE.

Madame... en vérité... le hafard de la circonf-
tance qui me procure l'honneur de vous voir....
forme une de ces rencontres....

DORIMENE.

Fort embarraffantes , n'eft-il pas vrai, Monfieur ?

VALERE.

Oh ! Madame , je vous expliquerai....

DORIMENE.

Il n'y a perfonne de trop ici , Monfieur, vous
pouvez parier. Dites-moi comment, après m'avoir
fait vos adieux , ainfi qu'à votre oncle le Préfident ,
pour aller rejoindre votre corps, je vous trouve
encore à Paris , revêtu d'habits qui ne font pas les
vôtres.

NÉRINE.

Le Régiment de Monfieur a peut-être changé
d'uniforme ?

DORIMENE.

Eh ! bien, vous ne répondez pas ! Ma nièce
paroît auffi interdite !

VALERE.

Le tems ni le lieu, Madame, ne me permettent
pas de vous fatisfaire ; mais croyez que des affaires
importantes ont pu feules retarder mon départ.

DORIMENE.

Il eft aifé d'en deviner la nature. Tous les hommes font des monftres! j'avois fait quelque ex-
ception à la règle générale en votre faveur, mais

vous ne valez pas mieux que les autres. (*A Emi-lie.*) Et vous , Mademoiselle, qui à peine au fortir du couvent, conduifez fi bien des intrigues de ce genre, croyez-vous m'en impofer par votre air d'étonnement ?

EMILIE.

Je n'ai point de raifons , Madame , pour vous cacher ma conduite & mes fentimens ; mais j'en ai beaucoup pour ne pas vous empêcher d'entrer en explication avec Monfieur , & je vous céde la place.   (*Elle fort.*).

DORIMENE.

Mais voyez cette petite impertinente ! manquer de refpect à fa tante ! oh ! je veux parler à mon frère. Je lui ouvrirai les yeux fur ce qui fe paffe dans fa maifon.

SCENE IX.

NÉRINE, DORIMENE, ORGON, VALERE.

ORGON.

QUI occafionne donc le bruit que j'entends ?... Ah ! ma fœur eft ici !

NÉRINE, *à part.*

Nous voilà perdus !

ORGON, *à Dorimene.*

Vous arrivez à propos, ma fœur ! vous ferez de notre bal.

DORIMENE.

N'avez-vous point de honte de vous occuper de chofes fi peu faites pour votre âge, pendant qu'un amant déguifé en conte à votre fille.

ORGON.

Comment donc? un amant déguifé! feroit-ce par hafard ce jeune Officier?

DORIMENE.

Qui donc ?

ORGON, *riant.*

L'hiftoire eft impayable! tout le monde y feroit pris. Si bien que vous êtes jaloufe de Monfieur l'officier ?

DORIMENE.

La tête vous a donc tourné tout-à-fait?

ORGON.

Eh, ma pauvre fœur, c'eft par mon ordre que tout eela fe fait.

DORIMENE.

Par votre ordre !

NÉRINE.

C'eft par ordre de Monfieur.

VALERE.

C'eft fuivant les intentions de Monfieur.

ORGON.

L'équivoque eft tout-à-fait plaifante !

DORIMENE.

Quoi! vous auriez prêté les mains?....

ORGON.

Eh oui, vous dis-je. Il y a plus de huit jours que je projettois de m'amuser de cette petite facétie-là.

DORIMENE.

Il y a huit jours qu'il est dans votre maison.

ORGON.

Oui ; environ.

DORIMENE.

On n'y conçoit rien. Faire de ces choses là à l'insçu de tout le monde! souffrir qu'un jeune homme manque à son service.

ORGON.

Il n'en fera que mieux son service après.

DORIMENE.

Vous ne songez donc plus à l'établissement dont nous avions parlé pour votre fille?

ORGON.

Cela n'empêche pas.

NÉRINE.

Cela n'empêche pas, Madame.

DORIMENE.

Comment cela n'empêche pas ? Il n'est pas permis d'extravaguer à ce point ! je n'en reviens pas.

ORGON.

C'est que vous n'envisagez pas le but moral.

DORIMENE.

Il y a de la morale là-dedans.

NÉRINE.

Affurément, Madame.

ORGON.

Je n'imaginois pas que fon déguifement nous amuferoit tant. Faites comme nous, ma fœur Riez-en auffi, puifque vous l'avez reconnu. (*Ils rient*).

DORIMENE.

C'eft me pouffer à bout.

ORGON.

D'ailleurs, fi ce jeune militaire étoit de votre goût, on pourroit vous le céder.

DORIMENE.

J'étouffe de rage.

ORGON.

Vous ne feriez pas peut-être fâchée de l'avoir à votre fervice ?

DORIMENE.

Je n'effuyerai pas plus longtems vos fades plai-fanteries. Je fuis jouée, mais je faurai me venger & je cours de ce pas apprendre à fon oncle cette belle équipée.

ORGON.

Son oncle ! écoutez donc, ma fœur.

(*Dorimene fort, Orgon la fuit.*

SCENE IX.

NÉRINE, VALERE.

NÉRINE.

VOILA votre arrêt prononcé !

VALERE.

Je reste confondu !

NÉRINE.

Vous ne nous difiez pas, Monfieur, que vous connoiffez Dorimene, & qu'elle a fur vous des prétentions qui paroiffent fondées.

VALERE.

Fondées ! Tu plaifantes, Nérine. Cette vieille folie eft amie de mon oncle. Elle a bien de la bonté, fi elle a mis quelque importance aux propos galants, qu'on fe plait fouvent à débiter aux coquettes de fon âge.

NÉRINE.

Ces Dames-là, prennent toujours la balle au bond. Si elle s'explique avec fon frère, il fera furieux.

VALERE.

La prudence veut que je m'éloigne d'ici. Il faut pourtant que je voye Emilie, qu'elle fe décide... Je vais te donner un Domino pour elle.

NÉRINE.

Un domino ?

VALERE.

Oui, un domino brun, à la faveur duquel je pourrai l'entretenir pendant le bal.

NÉRINE.

Oui, Monsieur.

ORGON, *sans paroître.*

Dubois, Dubois.

NÉRINE.

C'est vous, qu'il appelle, Monsieur. Allez, & tâchez de faire tête à l'orage.

SCENE X.

NÉRINE, *seule.*

QU'ALLONS-nous devenir ? Tout est sûrement découvert. Voilà mes étourdis de vingt ans. Ils ne doutent de rien! Etablir une intrigue, tromper un père ou un tuteur, gagner une suivante ou des valets, écarter des jaloux, supplanter des rivaux, ces petits Messieurs entreprennent tout cela avec une sécurité, une aisance.... Cependant les obstacles surviennent, le père est instruit, la Maitresse se repent, la Suivante se trouble, &.... le dénouement devient difficile.

Fin du premier Acte.

ACTE II.

SCENE PREMIERE.

NÉRINE, *seule, rêvant.*

Toujours sur les épines !... Valere ne reparoît plus, est-il reconnu ? Ne l'est-il pas ? Le père vient de rentrer avec un air d'humeur , mais il n'a rien dit. La fille me boude. Elle n'ose sortir de chez elle , & pleure. Ce n'est pas sans raison! Craindre de voir sa réputation compromise , de perdre un Amant pour lequel on se sent du goût... On seroit inquiet à moins. Orgon vient; je désire & je tremble d'être instruite.

SCENE II.

NÉRINE, ORGON.

ORGON.

Eh bien , Nérine , que penses-tu de la colere que ma sœur a témoignée tantôt?

NÉRINE.

Moi! Monfieur? Je penfe que c'eft l'effet d'un quiproquo.... qui s'éclaircira.

ORGON.

J'ai voulu la faire s'expliquer; mais je n'en ai pû tirer autre chofe que des injures, & elle eft fortie fans vouloir m'entendre.

NÉRINE, *à part, refpirant.*

Ah!

ORGON.

Cependant, comme il s'eft élevé quelques dou-tes dans mon efprit, j'ai mis, prudemment, Du-bois à la porte, & je lui ai défendu de rentrer chez moi, jufqu'à ce que j'aye pris quelques éclair-ciffemens.

NÉRINE.

Comment, Monfieur, fans autre forme de procès?

ORGON.

Eft-ce que tu me défapprouves?

NÉRINE.

Non, Monfieur. Je penfe feulement qu'il eft défagréable pour ce pauvre garçon, de partir comme cela fans dire adieu.

ORGON.

Oui; mais fi ce pauvre garçon, qui en effet n'a pas la tournure d'un valet, étoit, comme je ne le fuppofe pas, quelque Amant déguifé; fi Nérine, comme je fuis bien loin de le penfer, étoit dans la confidence, & qu'on eût formé dans ma maison le projet de me tromper; il faudroit prendre un parti rigoureux, remettre ma fille au Couvent, renvoyer Nérine.... J'ai mieux aimé résoudre promptement la difficulté, comme Alexandre coupa autrefois le nœud gordien.

NÉRINE.

Oh! oui, Monsieur, vous avez bien fait. (*à part.*) Allons instruire Émilie de ce contre-tems.

(*Nérine sort.*)

SCENE III.

ORGON, ARLEQUIN.

ARLEQUIN, *vivement.*

QU'EST-CE que c'est donc que ces manières là ? Se moque-t-on de moi ici ?

ORGON.

Qu'as-tu, Arlequin ?

ARLEQUIN.

Suis-je le maître ou ne le suis-je pas ?

ORGON.

Quelqu'un de la maison t'auroit-il manqué ?

ARLEQUIN.

Oui, on m'a manqué. Je suis dans une colère épouvantable!

ORGON.

Comment cela.

ARLEQUIN.

Et je vas jetter la maison par les fenêtres.

ORGON.

Tu vois bien que la paſſion t'égare.

ARLEQUIN.

Oui, la paſſion m'égare.

ORGON.

C'eſt ce qu'il ne faut pas. On doit ſavoir commander à ſoi-même, avant de commander aux autres.

ARLEQUIN.

Raiſonnement de valet, que cela ! Je ſuis le maître, je veux me mettre en colère, & je ne veux pas entendre raiſon.

ORGON.

Mais de quoi te plains-tu ?

ARLEQUIN.

Je me plains d'un homme qui ſe mêle de donner des loix chez moi ; d'un homme que je chaſſerai.

ORGON.

Qui donc ?

ARLEQUIN.

Vous-même. De quoi vous aviſez-vous de renvoyer ſans permiſſion ce pauvre Dubois, dont j'allois faire mon Valet-de-chambre ? La perle des Domeſtiques ! un garçon généreux comme l'or ! Qui me propoſoit toujours le premier de me payer bouteille.

ORGON.

Crois que j'ai eu mes raisons...

ARLEQUIN.

Il n'y a pas de raisons contre ma volonté. Je suis bon pour répondre de lui, je pense. Il étoit si fâché de me quitter, qu'il en avoit la larme à l'œil, j'en suis encore tout attendri. Il faut avoir le cœur bien dur, pour renvoyer un pauvre domestique le jour de Carême-Prenant, & au moment d'un bal que je vas donner.

ORGON.

En as-tu dit assez?

AREQUIN, *le menaçant.*

Si j'étois plus accoutumé à être le maître, je vous ferois voir de quel bois je me chauffe : & il rentrera dans la maison, je vous en avertis; car je veux être le maître tout-à-fait, ou bien ne pas l'être du tout.

ORGON.

Rien de plus juste, mon ami , & c'est moi qui ai tort.

ARLEQUIN.

Il n'y aura de bien fait ici que ce que je ferai.

ORGON.

J'y consens.

ARLEQUIN.

Si cela ne vous arrange pas , vous n'avez qu'à dire , je retourne à ma cuisine.

ORGON.

Non, non, je te confie toute mon autorité.

ARLEQUIN.

Elle eſt en bonnes mains.

ORGON.

Et je t'en donne ma parole.

ARLEQUIN.

A la bonne heure.

ORGON.

Tu n'es plus en colère ?

ARLEQUIN.

Je ne crois, pas.

ORGON.

Il y a ſurement déjà des maſques arrivés, paſ-
ſons dans le ſallon.

ARLEQUIN.

Allez dire que je vas paroître.

SCENE IV.

ARLEQUIN, *laiſſant voir un paquet qui étoit
ſous ſon habit.*

Sɪ Nérine avoit l'eſprit de deviner que j'ai quelque choſe à lui dire en particulier, elle viendroit,
& je ferois la commiſſion que Dubois m'a donnée.
Tiens, mon cher Arlequin, m'a-t-il dit, oblige-
moi de remettre cela à Nérine, elle ſait bien l'u-
ſage qu'il en faudra faire. C'eſt ſurement un ca-
deau qu'il lui fait, pour qu'elle ſe reſſouvienne
de lui. Peut-être des échaudés, du pain d'épices,
ou

ou bien des marons des Capucins du Palais
Royal. Pardi ! je puis fort bien regarder. (*Il ou-*
vre le paquet.) Diable ! Ce garçon là fait les choses
grandement. C'est un mantelet...
(*Il met le Domino sur un fauteuil, & l'examine*).

SCENE V.

ARLEQUIN, DORIMENE, LE PRÉSIDENT, *en Robe.*

DORIMENE.

Venez, Président, venez.

LE PRÉSIDENT.

Vous me forcez, ma chere Dorimene, de faire
une démarche à laquelle je répugne beaucoup,
sur-tout vêtu de cette manière.

DORIMENE.

Sans votre robe, eussions-nous pû obtenir l'en-
trée de cette maison ? Ne falloit-il pas qu'on vous
prît pour un masque ?

LE PRÉSIDENT.

Mais je crains que vous ne me fassiez faire un
pas de clerc, car je ne peux me persuader que
mon neveu soit à Paris.

DORIMENE.

Me prenez-vous pour une visionnaire ?

C

LE PRÉSIDENT.

Au reste, la confrontation éclaircira tout, &
c'est à quoi il faut songer préalablement.

ARLEQUIN, *les appercevant.*

Qui sont ces gens-là? (*Il approche , & se met
entre le Président & Dorimene.*) Que voulez-
vous ?

DORIMENE.

C'est Arlequin! Comme il est fagotté! écoute,
mon ami ; n'est-il pas vrai qu'il y a ici un jeune
homme, que mon frère a reçu chez lui depuis
environ huit jours ?

ARLEQUIN.

C'est très-vrai.

DORIMENE, *au Président.*

J'en étois sure. (*A Arlequin.*) Un grand jeune
homme ; cheveux bruns, œil vif, l'air noble?

ARLEQUIN.

Oui, l'air noble...

DORIMENE, *au Président.*

Vous voyez.

ARLEQUIN, *au Président.*

Sur-tout avec l'habit de livrée & le grand
chapeau galonné.

DORIMENE, *à Arlequin.*

Un air de douceur dans la physionomie ?

ARLEQUIN.

Oui, doux comme un mouton. (*Au Président.*)

Il ne falloit pas lui demander deux fois une af-
siette, ou bien à boire.

DORIMENE.

Il est Officier.

ARLEQUIN.

Oui , Officier. (*Au Président.*) Habile dans
l'Office. En un clin d'œil , il vous arrange un
dessert très-proprement , & il est fort pour les
compottes.

DORIMENE,

Il étoit tantôt en uniforme verd.

ARLEQUIN.

Oui. En uniforme verd. (*Au Président.*) C'est
la couleur de la maison , avec les grands galons
jaunes sur toutes les coutures.

DORIMENE.

Mais que viens-tu nous chanter là ?

ARLEQUIN.

Je ne chante pas , je réponds à ce que vous me
demandez.

DORIMENE.

Celui dont je parle a nom Valere.

ARLEQUIN.

Non. Il s'appelle Dubois , c'est un fort bon
sujet, & c'est grand dommage qu'il soit sur le
pavé. Puisque vous le connoissez , Madame ,
vous devriez le prendre chez vous , il seroit bien
votre affaire.

LE PRÉSIDENT.

Vous entendez, Madame. Il eſt ſûr que vous vous ferez trompée. Je vous l'avois bien dit.

DORIMENE.

Tout le monde ici extravague, excepté moi. (*A Arlequin.*) Allons, imbécile, conduis-nous où eſt ton maître.

ARLEQUIN.

Mon maître ! je n'en ai plus, entendez-vous, ma mie. Si c'eſt Monſieur Orgon que vous cherchez, il eſt ſûrement à la cuiſine, pour faire mon ſouper. Quant à moi, je vas donner un coup-d'œil à mon bal, où vous pouvez venir, puiſque vous êtes maſqués tous les deux.

DORIMENE.

Inſolent !

(*Arlequin ſort.*)

SCENE VI.

LE PRÉSIDENT, DORIMENE.

DORIMENE.

Nous avons été trop bons d'écouter un drôle qui eſt ivre ou dont la tête eſt tournée. Entrons dans le bal, nous y trouverons ſûrement votre neveu : & laiſſez-moi faire, ſous quelque forme qu'il ſoit, il ne m'échappera pas.

LE PRÉSIDENT.

Non parbleu! je n'irai point présenter ma figure
à votre bal. Je ne ferai point une telle extrava-
gance.

DORIMENE.

Voici fort à propos un domino. Ne pourrions-
nous pas nous en accommoder?

LE PRÉSIDENT.

En vérité, Madame, vous exigez de moi des
chofes...

DORIMENE.

Préfident, laiffez-moi faire.

LE PRÉSIDENT.

Mais j'entends quelqu'un.

DORIMENE.

C'eft quelque mafque. Paffons dans la pièce
voifine.

(*Ils fortent. Dorimene emporte le Domino.*)

SCENE VII.

VALERE, *en domino & mafqué.*

IL n'y a perfonne; je puis ôter mon mafque.
J'ai traverfé la maifon, fans être vu; mais en
fuis-je plus avancé? attendrai-je qu'un heureux
hafard m'envoye ici Emilie? non, il faut mieux
l'aller chercher. Ah! tout redouble ma crainte &

mes inquiétudes, maudite rencontre ! je voyois
une lueur d'espérance; il faut qu'un démon, jaloux
de mon bonheur, me fasse trouver ici Dorimene!

SCENE VIII.

VALERE, ARLEQUIN, *portant une bouteille,*
une brioche, &c.

ARLEQUIN, *sans voir Valere.*

JE ferai beaucoup mieux ici pour faire mon petit
goûter... encore un masque ! je crois qu'ils ont
juré de me faire donner au diable.

VALERE, *approchant.*

C'est Arlequin, je pense.

ARLEQUIN, *cachant sa bouteille.*

Je suis bien votre serviteur, beau masque ; mais
vous me feriez plaisir de me laisser seul, (*bas*) parce
que je suis ici en bonne fortune.

VALERE.

Dis-moi de grace, mon cher Arlequin, si tu
sais où sont Emilie & Nérine ?

ARLEQUIN.

Eh ! c'est toi, mon petit Dubois. Je ne te re-
connoissois pas. Pardi ! tu viens à propos pour
boire ta part d'une bouteille de bon vin.

VALERE.

Réponds-moi donc. Emilie n'est elle pas dans
le sallon où l'on danse ?

ARLEQUIN.

Je ne puis pas te le dire, car je viens du fallon
où l'on mange,

VALERE.

Il faut, mon ami, que je te confie un fecret
important.

ARLEQUIN.

Je fuis un peu babillard.

VALERE.

J'attends de toi un fervice effentiel.

ARLAQUIN.

Demain; veux-tu demain?

VALERE.

Apprends.d'abord que je ne fuis pas ce que tu
crois.

ARLEQUIN.

Eh bien, tu es autre chofe : c'eft bon!

VALERE.

Ma naiffance eft diftinguée, ma fortune eft affez
confidérable, & fi j'ai paru différent à tes yeux,
c'eft le feul defir de me faire aimer d'Emilie qui
a opéré ma métamorphofe.

ARLEQUIN.

Qu'eft-ce que tu me dis là mon ami? comment
Monfieur, vous n'êtes pas...

VALERE.

Eh ! non.

ARLEQUIN.

Oh! tu m'as bien attrapé ! mais puifque vous êtes
un Monfieur conféquent, & que tu n'es pas un

vrai valet, j'ai donc eu grand tort d'en agir avec vous, comme j'ai fait avec toi, fans cérémonie.

VALERE.

Laiffons cela & fonge à me fervir.

ARLEQUIN..

De tout mon cœur, Monfieur.

VALERE.

Il s'agit, mon ami...

ARLEQUIN.

Attends donc que je m'accoutume à croire... J'aurais dû m'en douter, parce que je vous ai trouvé quelque chofe de grand dans les manières.

VALERE.

Il s'agit donc, mon cher Arlequin, de faire le guet ici, pendant que j'irai dans le bal, & fi tu apperçois Emilie ou Nérine, de les inftruire de mon arrivée & de les engager à m'attendre.

ARLEQUIN.

Va, va, laiffe-moi faire... vous pouvez être sûr que je vas les amufer jufqu'à ce que tu fois revenu.

VALERE, *fortant.*

Compte fur ma reconnoiffance.

SCENE IX.

ARLEQUIN.

AU revoir, mon camarade. Cela se rencontre à merveille! nous changeons d'état tous les deux dans le moment. Il étoit devenu valet par amour pour Mademoiselle Emilie, & moi je me suis fait maître par amour pour moi même... Mais buvons un coup pour chasser le sommeil. (*Il bâille.*) Une autrefois je donnerai le bal à midi, cela épargnera la chandelle. (*Il s'assied.*) Buvons, c'est du blanc, peut-être du Champagne? excellent pour réveiller les endormis! (*Il boit*). La peste! je me suis trompé, c'est de la limonade.

(*Il s'éloigne.*)

SCENE X.

VALERE, *masqué* ; LE PRESIDENT, *en Domino, en bonet de femme & masqué* ; DORIMENE, *vétue de la robe du Président & masquée* ; ARLEQUIN, *au fond du Théâtre.*

VALERE, *les amenant mystérieusement.*

N'EST-CE pas la charmante Émilie?

(*Le Président fait un signe approbatif.*)

Eh bien? vous saurez aussi qui je suis. Reconnoissez-vous ma voix maintenant ? (*Il se démasque.*) Reconnoissez-vous Valere?

(*Le Président fait un mouvement de surprise, Dorimene un signe de joie.*)

Ah ! pouviez-vous douter que l'amour ne me ramenât bientôt à vos pieds, & que je ne surmontasse tous les obstacles.... Mais les momens sont chers. Peut-être suis-je à la veille de vous perdre pour jamais. Il n'est qu'un seul moyen d'éviter l'hymen que vous redoutez, & qui vous enleveroit à moi. Cette parente, chez laquelle je vous ai vue, vous donneroit un asyle sûr & honnête, pour échapper au sort qui vous menace... Émilie, daignez me suivre.

(*Le Président fait un signe de repugnance.*)

Vous ne répondez rien. (*à Dorimene.*) Parle pour moi, ma chère Nérine. (*Il se jette aux genoux du Président.*) Belle Émilie, y consentirez-vous?

LE PRÉSIDENT, *se démasquant.*

De tout mon cœur, mon cher neveu.

VALERE.

Mon oncle! (*Il se détourne , & voit Dorimene aussi démasquée.*) Dorimene !

DORIMENE.

Eh bien , Président, m'étois-je trompée? ai-je eu tort de vouloir changer d'habits avec vous ? doutez-vous encore que ce soit votre cher neveu ?

LE PRÉSIDENT.

Malgré la colère terrible où je suis , je ne peux m'empêcher de rire de l'aventure. (*A Valere , gravement.*) Ainsi, Monsieur, voilà de vos tours !

VALERE.

Mon oncle....

SCENE XI, *& dernière.*

LES PRÉCÉDENS, ORGON, EMILIE, NÉRINE.

ORGON, *à Emilie & Nérine.*

AIDEZ-MOI à rassembler les fuyards. Ils font une compagnie ici! Que vois-je? ma sœur en magistrat! le Président en femme! bien! très-bien! l'idée est excellente!

LE PRÉSIDENT.

Je voulois retrouver un neveu que j'avois perdu; j'ai pris la forme la moins susceptible de l'effrayer.

ORGON.

Votre neveu chez moi?

LE PRÉSIDENT, *montrant Valere.*

Comme vous voyez.

ORGON.

Dubois ici! il est votre neveu?

VALERE, *à Orgon.*

Si vous daignez m'entendre....

ARLEQUIN, *prenant le milieu.*

C'est à moi qu'il faut conter cela. Voyons un peu vos raisons.

VALERE, *à Orgon.*

L'amour m'a rendu coupable : seul, il peut me faire trouver grace à vos yeux.

ORGON.

Quoi ! Monsieur, lorsque je suis votre dupe.

DORIMENE.

Il nous trompoit tous.

ORGON.

Ce procédé est impardonable, & j'en demande justice à Monsieur le Président.

DORIMENE.

Cela crie vengeance !

ORGON,

Les pères ne seront plus en sûreté.

DORIMENE.

Les veuves ne pourront plus rien croire.

ARLEQUIN, *à Orgon.*

Ecoutez donc, Monsieur, c'est moi que tout ceci regarde, puisque vous m'avez cédé vos droits.

ORGON.

Il n'est pas question de cela.

ARLEQUIN.

J'ai votre parole, & c'est à moi de prononcer mon jugement.

ORGON.

Dans une circonstance comme celle-ci....

ARLEQUIN.

Je suis revêtu de votre autorité.

ORGON.

Eh bien ? Que prétends-tu ?

ARLEQUIN.

Que vous pardonniez à Valere.

ORGON.

Allons, je le veux bien, par égard pour toi.

ARLEQUIN.

Et pour lui prouver que vous ne conservez pas de rancune, que vous lui accordiez Mademoiselle Émilie.

ORGON.

Oh! Pour celui-là, non.

ARLEQUIN, *vivement.*

Eh ! je la lui donne, moi. Vous m'avez confié votre pouvoir général, je m'en sers pour faire des heureux, je vous defie d'en faire un meilleur usage.

ORGON, *avec plus de fermeté.*

Ecoute donc, Arlequin....

ARLEQUIN, *plus vivement.*

Je les marie. Madame votre sœur qui doit être la justice même, puisqu'elle a une robe de Président, & Monsieur le Président qui doit être raisonnable, quoiqu'il ait une coëffe de femme, conviendront qu'il n'y a pas autre chose à faire.

LE PRÉSIDENT.

Ma foi, Monsieur, je pense comme lui, & si mon consentement peut appuyer auprès de vous la demande de mon neveu....

ARLEQUIN, *à Orgon.*

Songez que j'ai votre parole d'honneur.

ORGON.

Mon cher Arlequin, je ne te dédirai pas. Je respecte dans ta décision, l'usage antique que je veux voir renaître, & je consens que Valere & ma fille te doivent leur bonheur.

ARLEQUIN.

Fort bien! Monsieur. Vous méritez d'être le maître à présent. Soyez-le toujours. Conservez moi seulement une petite place dans votre cœur, & dans votre cuisine. Je ne veux garder de mon autorité que ce qu'il m'en faut pour engager à recevoir mon cœur & ma main. Rentrons dans le bal qui doit languir en notre absence, & réjouissons-nous.

Le fond du Théâtre s'ouvre. Danse de masques.

FIN.

APPROBATION.

Lu & approuvé pour la représentation & l'impression, le 6 Mai 1787.

Signé SUARD.

Vu l'Approbation, permis de représenter & d'imprimer, à Paris, ce 9 Mai 1787.

Signé DECROSNE.

DRAMES et COMÉDIES

Qui se trouvent chez CAILLEAU, Imprimeur-Libraire, rue Galande, N°. 64.

A.

Abdolonime, ou le Roi berger.
A bon Chat, bon Rat.
A bon Vin point d'enseigne.
Absence du Maître. (l')
Ainsi va le Monde.
Alexis & Rosette.
Amant de retour (l')
Amour & Bacchus au Village. (l')
Amour Quêteur. (l')
Amour Suisse. (l')
Amours de Montmartre. (les)
Anglais à Paris (l')
Anglaise (l') déguisée.
Arlequin muet.
Arlequin Roi dans la Lune.
Aveux imprévus. (les)
Avocat Chansonnier. (l')
      Bal Masqué. (le)
Ballon. (le)
Barogo.
Bataille d'Antioche. (la)
Battus payent l'amende. (les)
Bayard, ou le Chevalier sans
   peur & sans reproche.
Bienfaisans. (les)
Bienfait anonime. le)
Bienfait récompensé. (le)
Blaise le Hargneux.
Bon Seigneur. (le)
Bon Valet. (le)
Bonnes gens. (les)
Boniface Pointu.
Bons Amis. (les)
Bottes de Foin. (les)
Brebis (la) entre deux Loups.
      Cabinet de Figures. (le)
Cacophonie. (la)
Café des Halles. (le)
Ca n'en est pas.
Caprices (les) de Proserpine.
Carmagnole & Guillot Gorju.
Chacun son Métier.
Cent Ecus. (les)
Cent Louis. (les)
Consultations. (les)

Corbeille enchantée. (la)
Christophe le Rond.
Courchut amoureux.
Colporteur supposé. (le)
      Danger des Liaisons. (le)
Déguisemens Amoureux, (les)
Déguisemens, (les)
Déserteur, Drame.
Devin par hasard. (le)
Deux (les) font la paire.
Deux Fourbes. (les)
Deux Sœurs. (les)
Deux Sylphes. (les)
Dinde du Mans. (la)
Diogène Fabuliste.
Double Allégresse. (la)
Dragon (le) de Thionville.
Duel (le)
Dupes de l'Amour. (les)
      Echange (l') des deux Valets.
Ecole des Coquettes. (l')
Ecolier devenu Maître. (l')
Ecossaise. (l')
Ecouteur aux Portes. (l')
Emménagement de la Folie. (l')
Enrôlement supposé. (l')
Esope à la Foire.
Espiéglerie amoureuse. (l')
Etrennes de l'Amour, de l'Amitié
   & de la Nature. (les)
Eustache Pointu,
      Fanfan & Colas.
Fanny.
Faux Talisman. (le)
Fausses Consultations. (les)
Fausses Infidélités. (les)
Faux Ami, Drame. (le)
Faux Billets Doux. (les)
Fédéric & Clitie.
Femme comme il y en a peu. (la)
Femmes & le Secret. (les)
Fête des Halles. (la)
Fête Villageoise (la)
Fin contre Fin.
Fête de Campagne. (la)
Folies à la mode. (les)

raison noble. (le)
Freres. (les deux)
Freres. (les deux petits)
Guerre ouverte, ou Ruse contre Ruse.
Gilles ravisseur.
Héloïse (l') Anglaise.
Hymen (l', ou le Dieu jaune.
Homme (l') comme il y en a peu.
Homme (l') noir.
Homme (l') & la Femme comme il n'y en a point.
Jacquot & Colas Duellistes.
Jacquot parvenu.
Janot chez le Dégraisseur.
Jeannette, ou les Battus ne payent pas toujours l'amende.
Jean qui pleure & Jean qui rit.
Jérôme Pointu.
Jeune Indienne. (la)
Il étoit tems.
Inconnue persécutée. (l')
Laurette.
Lingère (la) ou la Bégueule.
Loi de Jatab. (la)
Mal-entendu. (le)
Mannequins (les)
Manteau écarlate. (le)
Mariage de Barogo. (le)
Mariage de Janot. (le)
Mariage de Melpomène. (le)
Margot la Bouquetière.
Mari (le) à deux femmes.
Marseille sauvée, Tragédie.
Marines. (les deux)
Matinée (la) du Comédien.
Médecin (le) malgré tout le monde.
Méfiant. (le)
Mélite & Lindor.
Mensonge excusable. (le)
Méprise (la) innocente.
Mieux fait douceur que violence.
Mère de Famille. (la)
Momus Philosophe.
Musicomanie. (la)
Naufrage d'Amour. (le)
Nègre blanc. (le)
Ni l'un ni l'autre.
Nouveau parvenu. (le)
Nœud d'Amour. (le)
Nouvelle Omphale. (la)
La Nuit aux aventures.
Ombres (les) anciennes & modernes.

Oui ou non.
Olauréus, ou le nouvel Abeilard.
Parisien dépaysé. (le)
Pension (la) Genevoise.
Petites Affiches. (les)
Pierre Bagnolet & Claude Bagnolet
Poule au Pot. (la)
Pourquoi pas?
Pouvoir (le) des Talens.
Prince noir & blanc (le)
Quatre Coins. (les)
Quiproquo de l'Hôtellerie. (le)
Ramoneur Prince (le).
Repas des Clercs. (le)
Repentir (le) de Figaro.
Résolution (la) inutile.
Revenant. (le)
Roméo & Juliette, Drame.
Rose & l'Épine. (la)
Ruse inutile. (la)
Sabotier, (le) ou les huit sols
Sculpteur. (l')
Sculpteur en Bois (le).
Sept n'en font qu'un. (les)
Sept (les) en font deux.
Serrail à l'encan. (le)
Soi-disant Sage. (le)
Sophie.
Solitude. (la)
Sourd. (le)
Sulette & Colinet.
Sultan Généreux. (le)
Têtes (les) changées.
Thalie, la Foire & les Pointus.
Théâtromanie. (la)
Tibère, Tragédie.
Torts (les) apparens.
Tracasseries de Village.
Triomphe (le) de la bienfaisance.
Tripot Comique. (le)
Triste Journée (la).
Trois Aveugles (les)
Trois Léandres. (les)
Turcaret, de le Sage.
Usurier dupé (L')
Valet Rusé. (le)
Valet (le) à deux Maîtres,
Vannier (le) & son Seigneur.
Vendanges de Suresne. (les)
Vénus Pélerine.
Veuve (la) comme il y en a peu.
Whist (le) & le Loto.

Z.

Zarine, Tragédie.